Inhalt

Nachhaltige Fischerei - sind die Fischbestände der Welt noch zu retten?

Kernthesen

Beitrag

Fallbeispiele

Weiterführende Literatur

Impressum

Nachhaltige Fischerei - sind die Fischbestände der Welt noch zu retten?

I.Zeilhofer-Ficker

Kernthesen

- Fast ein Viertel der weltweiten Fischbestände sind durch Überfischung erschöpft oder von Erschöpfung bedroht, weitere 50 Prozent werden bis zum biologischen Limit ausgebeutet.
- Das Siegel des Marine Stewardship Councils (MSC) gewährleistet, das der Fisch mit Bestand erhaltenden Methoden gefangen wird.
- Rund ein Drittel der Fischproduktion

stammt bereits aus Aquakulturen, bis in zehn Jahren soll der Anteil auf über 50 Prozent steigen.

Beitrag

Durch zerstörerische Fangmethoden hat die Menschheit die weltweiten Fischbestände an die Grenzen der Belastbarkeit gebracht. Ein radikales Umdenken ist erforderlich, damit Fisch auch künftig unseren Speiseplan bereichern kann.

Überfischung der Meere ein globales Problem

Schon seit den achtziger Jahren warnen Wissenschaftler vor dem Kollaps der Fischbestände der Weltmeere. Der durch Subventionen begünstigte Aufbau von riesigen Fangflotten, die mit hochmodernem Fangnetzen bis zu zwei Kilometer unter der Wasseroberfläche die Fischbestände ausbeuten, hat bewirkt, dass drei Viertel des kommerziell genutzten Fischbestandes der Welt an den Grenzen der Belastbarkeit angelangt sind. Zu den über 80 Millionen Tonnen offiziell gefangenen und verarbeiteten Fisch pro Jahr kommen noch einmal rund 30 Prozent illegal und nicht gemeldete Fänge sowie bis zu weitere 30 Prozent Beifang. (1), (2), (3), (4), (www.wwf.de/fisch)

Rund 24 Prozent der Fischbestände werden so stark befischt, dass nicht einmal genügend Nachwuchs produziert werden kann, um die jetzigen Bestände zu sichern. Weitere 52 Prozent werden bis zum Maximum ausgebeutet. Fangquoten und Vorschriften über Maschengrößen von Fangnetzen sowie das Verbot von Treibnetzfischerei sollen der Ausrottung der Meerestiere entgegen wirken. Viele Wissenschaftler sind allerdings der Meinung, dass die Vorschriften nicht weit genug gehen und auch nicht genügend kontrolliert und Verstöße nicht verfolgt werden. (2), (3), (5)

Um die geringeren Fangmengen in bestimmten geschützten Gebieten wettzumachen, weichen die Fangflotten in andere Gebiete zum Beispiel vor die Küsten Afrikas aus, wo Fangquoten nur selten kontrolliert werden. Dass dadurch den Bewohnern der afrikanischen Küstengebiete eine wichtige Nahrungsquelle entzogen wird, kümmert die auf Profit ausgerichteten Fangflotten wenig. Die extensiven, hochmodernen Fangmethoden der großen Fischereifrachter bedrohen außerdem die Existenz von vielen kleinen Küstenfischern in Europa und dem Rest der Welt. (6), (7)

Furore machte kürzlich allerdings das höchstrichterliche Urteil des Europäischen Gerichtshofs, das Frankreich zur Zahlung von 20 Millionen Euro verpflichtet, weil die EU-Fischereivorschriften großräumig und langfristig verletzt wurden in Frankreich wurden zu kleine Fische gefangen und auf den Markt gebracht. Durch Kontrollen wurde festgestellt, dass die Verletzung trotz eines Urteils aus dem Jahr 1991, die Tendenz hat, sich fortzusetzen. Bis festgestellt wird, dass Frankreich endlich seinen Verpflichtungen zur Einhaltung der Verordnungen nachkommt, droht ein zusätzliches Zwangsgeld von rund 58 Millionen Euro alle sechs Monate. Dies ist das erste Urteil, dass die Sanktionsmöglichkeiten des Europäischen Gerichtshofs gegen einen Mitgliedsstaat voll ausschöpft. (4)

Das Marine Stewardship Council mit Mitteln des Marktes die Wende schaffen

Der Lebensmittelkonzern Unilever erkannte in den neunziger Jahren, dass die gängige Überfischungspraxis langfristig die Basis seiner

Geschäfte zugrunde richten würde. In Zusammenarbeit mit dem World Widelife Fund for Nature (WWF) gründete Unilever 1997 deshalb das Marine Stewardship Council (MSC), eine Organisation, die sich die Erhaltung der Meeresfauna zum Ziel gesetzt hat. (8), (9), (10), (11)

Mittlerweile von der Industrie unabhängig hat das MSC in Zusammenarbeit mit Umweltschutzorganisationen Vorgaben erarbeitet, die eine Bestand erhaltende Fischerei gewährleisten. Die Vorschriften verlangen ausschließlich die Nutzung von Angelgerät, das die Beifänge, also Fänge von Tieren, die nicht verarbeitet werden können oder sollen, reduziert, und das den Fischbeständen erlaubt, sich in ausreichender Menge zu reproduzieren. Alter oder genetische Struktur der Bestände dürfen durch die Fangmethoden nicht verändert und weder die biologische Artenvielfalt noch die Meeresökosysteme dürfen dadurch beeinträchtigt werden. (9), (11), (www.msc.org)

Fischereibetriebe können sich von unabhängigen Experten auf die Einhaltung der Vorgaben überprüfen und zertifizieren lassen. Zertifizierte Unternehmen dürfen das MSC-Ökosiegel fünf Jahre lang für ihre Produkte als Vermarktungsinstrument nutzen und müssen sich dann neu um die Zertifizierung bemühen. Dass das Öko-Siegel erfolgreich ist, beweist die Tatsache, dass sich alle Fischereibetriebe, deren Lizenz seit fünf Jahren läuft, zur Rezertifizierung angemeldet haben. Zwölf Unternehmen sind mittlerweile voll zertifiziert, 17 sind in der Begutachtungsphase und weitere 20 befinden sich in der Vorbegutachtung. (www.msc.org)

Seit Mai 2005 verwendet der Unilever-Konzern für seine Iglo-Fischstäbchen ausschließlich Fisch, der von MSC zertifizierten Unternehmen stammt. Ein großer Schritt zur Erreichung des Ziels, langfristig nur noch Fisch zu verwenden, der mit nachhaltigen Methoden gefangen wurde. Bis in zehn Jahren will Unilever so weit sein und auch andere Fischproduzenten setzen mehr und mehr auf Fänge mit dem MSC-Siegel. Durch steigende Nachfrage nach zertifiziertem Fisch erhofft man sich, den notwendigen Marktdruck auf die Fischereien ausüben zu können, um eine Wende hin zur nachhaltigen Fischerei auf den Weltmeeren zu erreichen. Denn momentan werden erst vier Prozent der gesamten Fangmengen nach den MSC Kriterien geangelt. (9), (10), (11)

Fallbeispiele

Seit Mai werden Iglo Fischstäbchen nur noch mit Seelachs hergestellt, der aus umweltverträglichem, nachhaltigem Fischfang stammt. Ermöglicht wurde dies durch die MSC Zertifizierung der Alaska-Pollock BSAI-USA-Fischerei, die einen Großteil des Iglo-Fisches liefert. Wie rund 260 andere Fischprodukte weltweit dürfen die Fischstäbchen-Packungen nun mit dem MSC-Siegel gekennzeichnet werden. (8), (19), (www.msc.org)

Der Tiefkühlanbieter Frosta sowie der Heimlieferant Bofrost haben gleichfalls MSC-zertifizierte Fischprodukte im Angebot. Auch der unter der Marke Friedrichs vertriebene Lachs darf sich mit dem Siegel schmücken, so wie das neue Produkt der Firma, der Kodiak Wildlachs-Caviar. (11), (20)

Norwegens Fischereiindustrie setzt vermehrt auf Aquakultur. Deren Produktion von Lachs und Forellen haben mittlerweile Rekordhöhen erreicht. Durch Impfung der Zuchttiere kann man in Norwegen fast ganz auf den Einsatz von Antibiotika verzichten. Künftig will man auch andere Fischarten wie Kabeljau, Saibling und Heilbutt in Aquakulturen züchten. (18)

Weiterführende Literatur

(1) Aquakultur ist gefragt
aus Lebensmittel Zeitung Nr. 13 vom 01.04.2005 Seite 026

(2) Martin, Paul, Den Fischen geht es an die Kiemen, Kölner Stadtanzeiger, 04.05.2005
aus Lebensmittel Zeitung Nr. 13 vom 01.04.2005 Seite 026

(3) Israel, Stefan, Zu viele Netze auf zu vielen Schiffen, NZZ Neue Zürcher Zeitung am Sonntag, 15.05.2005, Nr. 20, S. 3
aus Lebensmittel Zeitung Nr. 13 vom 01.04.2005 Seite 026

(4) Frankreich muß für den Verkauf kleiner Fische teuer bezahlen
aus Frankfurter Allgemeine Zeitung, 13.07.2005, Nr. 160, S. 11

(5) Vom Alltags-Snack zum Feinkost-Fisch
aus Frankfurter Allgemeine Sonntagszeitung, 20.03.2005, Nr. 11, S. 64

(6) Gesang, Bernward, Jagd auf wilde Tiere, Süddeutsche Zeitung, 12.11.2004, Ausgabe Deutschland, S. 12
aus Frankfurter Allgemeine Sonntagszeitung, 20.03.2005, Nr. 11, S. 64

(7) Derichsweiler, Cornelia, Grosser Fisch kleiner Fang, NZZ Neue Zürcher Zeitung am Sonntag,

15.05.2005, Nr. 20, S. 3
aus Frankfurter Allgemeine Sonntagszeitung,
20.03.2005, Nr. 11, S. 64

(8) Pötzl, Norbert F., Politisch korrekt, SPIEGEL special, 28.06.2005, Nr. 5, S. 75
aus Frankfurter Allgemeine Sonntagszeitung,
20.03.2005, Nr. 11, S. 64

(9) Fische wollen gemanagt werden
aus Lebensmittel Zeitung 06 vom 08.02.2002 Seite 044

(10) Die Bestände im Blick Der Lebensmittelkonzern Unilever achtet beim Fischfang auf die Natur – und sichert so seine Rohstoffe von morgen
aus Frankfurter Rundschau v. 17.06.2005, S.28, Ausgabe: S Stadt

(11) Iglo setzt auf sanfte Fischerei Unilever-Tochter führt Zertifikat ein - Ziel ist die Erhaltung der Bestände
aus DIE WELT, 15.04.2005, Nr. 87, S. 14

(12) Evolution im Zeitraffer
aus Süddeutsche Zeitung, 05.08.2005, Ausgabe Deutschland, S. 9

(13) Die Erbsünde der Fischerei Industriellen Fangflotten gehen nur die kleinen Fische durch die Maschen – mit dramatischen Folgen für den gesamten Bestand
aus Frankfurter Rundschau v. 05.04.2005, S.28,

Ausgabe: S Stadt

(14) Immer mehr Biofisch im Angebot
aus Lebensmittel Zeitung Nr. 10 vom 11.03.2005 Seite 061

(15) Fischmehl ein gefragter Rohstoff
aus Ernährungsdienst 46 vom 18.06.2005 Seite 007

(16) Zuchtlachs infiziert seinen wilden Bruder
Aquakulturen sind ein Paradies für Parasiten und bedrohen so den Bestand der natürlichen Fischpopulation
aus taz, 31.03.2005, S. 8

(17) Fischfarmen im Ozean
aus Der Spiegel, 11.07.2005, Nr. 28, Seite 139

(18) Norwegens Fischfarmer wehren sich
aus Lebensmittel Zeitung 19 vom 13.05.2005 Seite 018

(19) Iglo will Fischbestände schützen
aus Lebensmittel Zeitung 16 vom 22.04.2005 Seite 017

(20) Wachstum durch Innovationen
aus Lebensmittel Zeitung Nr. 10 vom 11.03.2005 Seite 068

Impressum

Nachhaltige Fischerei - sind die Fischbestände der Welt noch zu retten?

Bibliografische Information der deutschen Nationalbibliothek

Die Deutsche Nationalbibliothek verzeichnet diese Publikation in der deutschen Nationalbibliografie; detaillierte bibliografische Daten sind im Internet über http://dnb.d-nb.de abrufbar.

ISBN: 978-3-7379-1455-0

© 2015 GBI-Genios Deutsche Wirtschaftsdatenbank GmbH, Freischützstraße 96, 81927 München, www.genios.de

Alle Rechte vorbehalten. Dieses Werk ist einschließlich aller seiner Teile – z.B. Texte, Tabellen und Grafiken - urheberrechtlich geschützt. Jede Verwertung außerhalb der Grenzen des Urheberrechtsgesetzes bedarf der vorherigen Zustimmung des Verlags. Dies gilt insbesondere auch für auszugsweise Nachdrucke, fotomechanische

Vervielfältigungen (Fotokopie/Mikroskopie), Übersetzungen, Auswertungen durch Datenbanken oder ähnliche Einrichtungen und die Einspeicherung und Verarbeitung in elektronischen Systemen.